S D'ÉDUCATION ET D'INSTRUCTION

PREMIÈRE ANNÉE PRÉPARATOIRE

# GÉOGRAPHIE
# HISTOIRE NATURELLE

PAR

## M^me MARIE PAPE-CARPANTIER

AVEC LA COLLABORATION

de M. et de M^me CH. DELON

TREIZIÈME ÉDIDION

## PARIS

LIBRAIRIE HACHETTE ET C^ie

79, BOULEVARD SAINT-GERMAIN, 79

75 cent.

# GÉOGRAPHIE

# HISTOIRE NATURELLE

# AUTRES OUVRAGES DE M<sup>me</sup> PAPE-CARPANTIER

**Zoologie,** *histoires et leçons explicatives* destinées aux écoles, aux écoles maternelles et aux familles; nouvelle édition, illustrée de nombreuses gravures. 5 volumes grand in-18, brochés :
> Les trois premiers volumes se vendent 1 fr. 25 c. chacun; le 4° volume, 1 fr. 50 c., et le 5° volume 2 fr. Une série de 10 grandes images en chromolithographie correspond à chaque volume et se vend 5 fr.

**Histoire du blé.** *histoires et leçons explicatives*; 3° édition. 1 volume grand in-18, avec 62 gravures dans le texte, cartonné, 1 fr.
> Six grandes images en chromo. correspondant à ce volume. 3 fr. 50 c.

**Histoires et leçons de choses,** pour les enfants. 16° édition. 1 vol. in-16. avec 85 gravures dans le texte, broché, 2 fr. 25 c.
> Ouvrage couronné par l'Académie française.

**Nouvelles histoires et leçons de choses.** 1 vol. in-16, avec 30 gravures dans le texte, cart. 1 fr. 50 c.

**Lectures et travail.** pour les enfants et les mères; 7° édition. 1 vol. in-16, avec 124 gravures dans le texte, cart. 1 fr. 25 c.
> Ouvrage couronné par la Société pour l'Instruction élémentaire.

**Conseils sur la direction des salles d'asile;** 5° édition. 1 vol. grand in-18. broché. 1 fr. 50 c.
> Ouvrage couronné par l'Académie française.

**Enseignement pratique dans les écoles maternelles,** ou premières leçons à donner aux petits enfants, suivies de chansons et de jeux pour les récréations de l'enfance; 9° édition. 1 vol. in-18. avec planches. broché, 6 fr.
> Ouvrage couronné par l'Académie française.

**Jeux gymnastiques.** avec chants. pour les enfants des écoles maternelles; 6° édition. 1 vol. in-8, avec musique et gravures, 2 fr.

**Enseignement de la Lecture.** à l'aide du procédé phonomimique de M. Grosselin; 29° édit. 1 vol. grand in-18, cart., 50 c.

**Tableaux** reproduisant la méthode et accompagnés d'une notice à l'usage des maîtres. 30 tableaux de 50 centimètres de hauteur sur 32 centimètres de largeur, 3 fr.
> Le collage des 30 tableaux sur 15 cartons se paye en sus, 3 fr. 75 c.

**Le dessin expliqué par la nature;** 2° édition. 1 volume in-16, avec 59 figures dans le texte. 2 fr. 50 c.

## OUVRAGES DE M. G. DELON

**Méthode intuitive.** exercices et travaux pour les enfants. 2 vol. in-8° se vendant séparément, brochés, 7 fr.

**Lectures expliquées.** 1 vol. in-16, cartonné, 1 fr. 50 c.

**Idylles enfantines** (petites lectures pour les enfants), 35 c.

---

# GÉOGRAPHIE
# HISTOIRE NATURELLE

PAR

### M<sup>me</sup> MARIE PAPE-CARPANTIER

AVEC LA COLLABORATION

de M. et de M<sup>me</sup> CH. DELON

TREIZIÈME ÉDITION



## PARIS
## LIBRAIRIE HACHETTE ET C<sup>ie</sup>
79, BOULEVARD SAINT-GERMAIN, 79

1911

# AVERTISSEMENT.

Nous avons rassemblé dans ce petit livre les notions
préliminaires indispensables pour l'étude des sciences
naturelles. Ces notions devront être développées par
l'enseignement oral, suivant les aptitudes et l'intelligence des élèves, sous forme de *leçons de choses*, ainsi
qu'il est expliqué en détail dans le *Manuel*. Ces courtes
et simples observations ne sont en quelque sorte que le
relevé des leçons journalières, de cette *expérience de
la vie*, institutrice naturelle de l'enfant et de l'homme.
Nous n'avons pas voulu enseigner beaucoup de choses
nouvelles aux enfants de cet âge. Notre but est, avant
tout, de leur résumer d'une façon très claire les vagues
notions qu'ils ont recueillies de toutes parts ; de les clas-
ser, de les fixer dans leur esprit en y attachant le mot
propre ; enfin, de combler les lacunes, et d'assurer ce
premier trésor de connaissances, de telle sorte qu'il
serve de base au développement ultérieur de l'intelligence.

Nous avons exposé, dans notre *Manuel*, les raisons
qui nous ont conduits à donner à l'étude de la nature
une part plus large que celle qui lui a été accordée jus-

qu'ici. Nous ne croyons pas qu'il existe une étude plus appropriée aux inclinations naturelles des enfants, plus capable d'exciter en eux le sens de l'observation, d'exercer leur jugement, de préparer leur esprit à d'autres études, et cela sans le surexciter, mais au contraire en donnant à ces jeunes imaginations une nourriture *calmante* et salutaire.

Nous rappelons ici les observations que nous avons faites dans le *Manuel* (seconde partie), sur la manière de faire lire ces petites leçons. Nous insistons sur ce point : il ne faut pas que les livres soient appris par cœur, mais il est essentiel qu'ils soient tous *compris*. A la fin de chaque leçon, on résumera en quelques mots les *faits*, les *idées*, les mots nouvellement enseignés ; et l'on s'assurera que l'enfant s'en est rendu compte avant de les enregistrer dans sa mémoire.

Les notions de géographie et d'histoire naturelle devront alterner avec les autres notions élémentaires. L'alternance produit la variété et soutient l'attention ; elle laisse aux notions acquises le temps de faire corps avec les connaissances que l'enfant possède déjà ; et elle n'a aucun inconvénient si, avant de commencer la nouvelle leçon, on rappelle les leçons précédentes à la mémoire des élèves.

# PREMIÈRES NOTIONS

# DE GÉOGRAPHIE.

---

## I. Le pays et le continent.

Vous est-il arrivé quelquefois, mes enfants, de monter sur une hauteur ou sur un édifice très élevé? Quand, de là, vous regardiez autour de vous, vous aperceviez les maisons de la ville ou du village, les jardins; puis au delà, les champs, les prairies, la rivière, les ruisseaux.

Vous distinguiez facilement les choses les plus rapprochées de vous; mais celles qui étaient plus éloignées, vous les aperceviez à peine. Tout à fait au loin, vous ne pouviez plus rien distinguer, ni les arbres, ni les maisons. Tout se confondait dans une grande bande grise, formant ce qu'on appelle le *lointain*.

Voilà tout ce que vous voyiez, et peut-être croyiez-vous que tout finissait là, qu'il n'y avait plus rien au delà de ce que vous aperceviez.

Pourtant, mes enfants, il y a beaucoup d'autres pays au delà de celui que vous pouvez voir. Et dans presque tous ces pays il y a des hommes, des champs, des forêts, des villes, des animaux, comme dans l'endroit que vous connaissez.

Plusieurs pays réunis forment un *continent*. Les continents sont les grandes parties de ce qu'on appelle la *Terre*.

---

### II. Le voyage.

Avez-vous voyagé quelquefois? Vous savez que voyager c'est aller d'un pays dans un autre. Quand vous allez dans une autre ville que celle que vous habitez, vous faites un voyage. Ce n'est qu'un petit voyage, souvent. Mais il y a des hommes qui font de grands voyages. Ils vont dans des pays éloignés, puis, quand ils sont revenus, ils décrivent le pays d'où ils viennent, disent quels arbres, quels animaux ils y ont trouvés, comment vivent les *habitants*, etc.

Les récits de ces voyageurs ont servi à former une science qu'on appelle la *Géographie*, c'est-à-dire : la description de la terre.

### III. La colline et la montagne.

Il n'est pas nécessaire de faire un long voyage pour observer des choses intéressantes. Dans les promenades que vous avez faites à la campagne vous en avez déjà vu plus d'une; mais comme vous êtes enfants, vous n'y faites pas toujours attention. Nous allons nous rappeler ensemble ce que vous avez vu, et quand vous retournerez à la campagne, vous saurez reconnaître toutes les choses dont nous aurons parlé.

D'abord vous avez dû remarquer que le terrain, le *sol* n'est pas partout plat, de *niveau* comme on dit. Il y a des endroits qui sont en pente, et quand vous arrivez là, vous courez plus facilement, quelquefois plus vite que vous ne voudriez. Un peu plus loin c'est le contraire : le terrain va en montant, et vous ne pouvez plus courir sans vous essouffler.

Dans certains endroits, la pente est tellement rapide que vous ne pouvez ni la monter, ni la descendre sans vous exposer à tomber.

Mais à force de monter, vous savez qu'on

Un vallon entre deux collines.

parvient au haut, c'est-à-dire à l'endroit le plus élevé, d'où la vue s'étend au loin. Cette hauteur que l'on gravit, s'appelle une *colline ;* et l'endroit le plus élevé de la colline se nomme le *sommet.*

Il y a des pays, mes enfants, où les hauteurs sont si élevées, et si difficiles à gravir, que vous ne pourriez pas arriver jusqu'au sommet. Ces hauteurs, bien plus élevées que les collines, s'appellent des *montagnes*.

### IV. La vallée et la plaine.

Deux collines ou deux montagnes laissent souvent entre elles, au bas de leurs pentes, une étendue de terrain plus ou moins creux, qu'on appelle une *vallée*.

Si les collines sont éloignées les unes des autres, la vallée est large. Si au contraire elles sont rapprochées, la vallée est plus petite, plus étroite, c'est un *vallon*.

Ainsi, quand vous allez jouer dans une prairie entourée de collines, vous êtes dans une *vallée*; et votre vue ne s'étend pas au delà des collines qui la bordent.

Il y a des endroits de la terre, mes enfants, où le sol est complétement plat; c'est à peine si l'on y voit quelques petites élévations bien moins hautes que les collines. Ces étendues de terrain *plat* se nomment des *plaines*.

C'est surtout dans les plaines et dans le fond des vallées, que sont les prairies où l'on conduit les troupeaux, et les champs cultivés où l'on sème le blé, l'orge, et toutes les plantes

Le labourage dans la plaine.

utiles que vous apprendrez un jour à connaître.

---

### V. La source et le ruisseau.

Dans les champs et les prairies qui sont dans les vallées, il se trouve assez souvent, à ras de terre, de petites fontaines d'eau limpide. Vous en avez peut-être vu au coin d'un champ, sous les arbres? L'eau qui remplit ces fontaines sort de l'intérieur de la terre et forme une

La source et le ruisseau.

*source*. Puis l'eau coule hors de sa source en creusant dans le sol un petit sillon étroit et sinueux. C'est alors ce qu'on nomme un *ruisseau*.

Le ruisseau est d'abord si peu large que vous pourriez le sauter à pieds joints; il ne contient donc pas beaucoup d'eau, et l'on voit très distinctement les cailloux qui sont au fond.

Si vous suivez ce petit ruisseau, vous le voyez bientôt en rejoindre un autre, égal ou plus grand. Ils se réunissent et forment à eux deux un ruisseau plus large, qui contient une plus grande quantité d'eau. On ne peut plus le franchir d'un saut. Il faut un pont pour le traverser.

L'eau des ruisseaux coule en s'éloignant de sa source : vous le savez, car si vous jetez un brin d'herbe dans cette eau, elle l'emporte au loin. Elle *court* vite, quelquefois en faisant un petit murmure ; et si elle rencontre des pierres, elle se glisse entre elles, ou saute par-dessus. C'est parce que l'eau court qu'on appelle les ruisseaux des *cours d'eau.*

Le sillon, ou petit canal, dans le creux duquel l'eau coule, se nomme le *lit* du ruisseau ; et les deux bords de ce lit s'appellent les *rives.*

---

### VI. La rivière.

Je viens de vous dire, mes enfants, que plusieurs ruisseaux qui se rejoignent et se réunissent dans un même lit, forment un ruisseau plus grand : quand, à leur tour, plusieurs grands ruisseaux se réunissent, ils forment un cours d'eau qu'on appelle une *rivière*.

Le *lit* d'une rivière est beaucoup plus large que celui d'un ruisseau, et cela se comprend, puisqu'il contient beaucoup plus d'eau. Il est aussi plus creux, plus profond, et si vous tombiez dans une rivière, vous courriez grand risque de vous noyer.

Une rivière est d'ordinaire assez large et assez profonde pour qu'on puisse y faire flotter et naviguer des bateaux.

### VII. Le fleuve.

Lorsque plusieurs rivières se réunissent à leur tour, mes enfants, elles forment un cours d'eau plus large et plus profond qui s'en va aboutir à la mer, et qu'on appelle un *fleuve*.

Vous connaissez peut-être une rivière, ou un fleuve? La ville que vous habitez est peut-être située près d'un cours d'eau? Vous savez alors quel nom on donne à ce cours d'eau, fleuve ou rivière, pour le distinguer des autres.

Nous vous dirons bientôt ce que c'est que la mer; pour aujourd'hui souvenez-vous, 1° qu'un petit cours d'eau, qui sort le plus souvent d'une source, est un *ruisseau;*

2° Que plusieurs ruisseaux coulant ensemble forment, en se réunissant, un cours d'eau plus grand qu'on appelle une *rivière;*

3° Enfin que le cours d'eau qui reçoit les rivières et porte leurs eaux mêlées aux siennes jusqu'à la mer, est un *fleuve.*

---

### VIII. L'étang et le lac.

Quelquefois, la pente suivant laquelle descend un cours d'eau s'interrompt tout à coup, et le terrain devient creux. Alors le lit du cours d'eau s'élargit, et l'eau se répand sur le terrain, en formant une mare comme vous en avez vu quelquefois sans doute.

Quand cette étendue d'eau est peu grande et peu profonde, on l'appelle un *étang.*

Mais si elle est très grande, elle se nomme un *lac*.

Il y a, dans certains pays, des *lacs* qui ont tant d'étendue, qu'il faut marcher plusieurs journées pour en faire le tour.

---

### IX. La mer.

Maintenant, mes enfants, écoutez bien, voic

La mer.

ce que c'est que la *mer*, dont nous venons de dire un mot.

Figurez-vous un lac si grand, si grand, qu'il faut plusieurs mois pour le traverser. Pour traverser la mer on se sert de très grands bateaux qui s'appellent des navires.

Vous savez déjà ce que c'est que les *rives* d'une rivière, et les bords d'un étang : eh bien, quand on est sur la rive de la mer, ou, comme on dit, sur le *rivage*, l'autre bord, ou l'autre rivage, est si loin, qu'on ne peut l'apercevoir.

L'eau de la mer n'est pas bonne à boire parce qu'elle contient du sel. Aussi dit-on que l'eau de la mer est *salée*, tandis que l'eau des rivières et des étangs est ordinairement *douce*, c'est-à-dire non salée, et bonne à boire comme l'eau des fontaines.

### X. L'île.

Avez-vous vu parfois, mes enfants, au milieu d'une mare, d'un étang, ou d'une rivière, soit un rocher, soit une élévation de terre où l'on ne peut aller qu'en bateau, parce qu'il y a de l'eau tout autour ? Cet endroit s'appelle une *île*.

Une île est donc une portion de terre entourée d'eau de tous côtés.

Dans la mer il y a beaucoup d'îles; des petites , et aussi de très grandes où sont des

Une île au milieu d'un étang.

villes, des champs, des forêts, des montagnes, des rivières. Il y a des îles si étendues, que pour en faire le tour il faudrait marcher pendant plusieurs mois.

### XI. Les climats.

Vous savez, mes enfants, comme il fait chaud l'été. Le jour est brillant, et pour jouer vous êtes obligés de vous mettre à l'ombre, parce qu'au soleil la chaleur est trop vive.

Pendant l'hiver, au contraire, il fait froid : la neige tombe, les ruisseaux sont gelés ; on fait du feu dans les cheminées ; et votre mère vous habille de vêtements plus épais.

Eh bien, mes enfants, il y a des pays où il fait toujours chaud, bien plus encore qu'il ne fait chez nous pendant l'été. Ces pays se nomment, à cause de cela, les *pays chauds*.

Il y a d'autres pays où l'hiver est si long qu'il y fait presque toujours froid, beaucoup plus froid même que chez nous pendant l'hiver. Les cours d'eau y sont presque toujours glacés, et il y a presque toute l'année de la neige sur la terre. A cause de cela ces pays s'appellent les *pays froids*, ou encore les pays *glacés*.

Enfin les pays comme le nôtre, où le chaud et le froid se succèdent sans être jamais excessifs, se nomment les *pays tempérés*.

Ces différences de froid et de chaud dans les divers pays de la terre s'appellent les *climats*.

---

### XII. La végétation.

Vous avez vu des arbres dans la campagne, du blé dans les champs, de l'herbe dans les prairies, des fleurs dans les jardins : enfin des plantes de diverses espèces. Dans chaque pays il y a des plantes; mais ce ne sont pas toujours les mêmes que dans le nôtre.

Vous connaissez, par exemple, le café et le riz : ce sont les graines de deux plantes qui ne vivent que dans les pays chauds; aussi on n'en cultive pas chez nous.

Nous cultivons des vignes, des poiriers, des pommiers, des cerisiers; ces plantes vivent dans nos pays tempérés, mais dans les pays glacés, le froid les ferait mourir.

Tandis que dans ces pays-là il y a beaucoup de sapins, parce que les sapins peuvent vivre au milieu du froid.

Ainsi les plantes, ou *végétaux*, sont distribués sur la terre suivant les climats.

### XIII. Les animaux.

Les animaux, comme les plantes, sont distribués suivant les climats.

Vous connaissez, mes enfants, les bœufs, les vaches, les moutons, les chats, les chiens ; tous ces animaux vivent dans notre pays.

Vous avez vu aussi, en image, des lions, des tigres, des chameaux, des éléphants. Est-ce qu'il y a de ces animaux-là dans notre pays ? Non, mes enfants ; excepté toutefois ceux qu'on amène des pays chauds, pour nous les faire voir.

Vous avez sans doute entendu parler du renne, qui a sur la tête, au lieu de cornes, de grands bois ressemblant à des branches d'arbustes ? Il n'y en a pas non plus dans notre pays, il n'y en a que dans les pays très froids.

Ainsi, mes enfants, il y a des animaux et des plantes dans tous les pays ; mais ce ne sont pas les mêmes espèces dans tous les climats.

### XIV. Division de la terre.

Les continents et les îles de toute la terre forment cinq grandes étendues de pays ou *parties du monde.* On nomme ces cinq parties du monde : l'Europe, l'Asie, l'Afrique, l'Amérique, et l'Océanie.

L'Europe, l'Asie et l'Afrique se tiennent; elles forment ensemble le plus grand des *continents.*

L'Amérique est seule de son côté, et forme une immense étendue de terrain qui est aussi un continent.

L'Océanie est composée d'un troisième continent et d'une quantité considérable d'îles grandes et petites, situées au milieu d'une mer qu'on appelle le *grand Océan.* C'est pourquoi on l'a nommée Océanie, mot qui signifie terres de l'Océan.

### XV. La France.

Dans une des cinq parties du monde, dans

l'Europe, se trouve le beau pays que nous habitons, et qui s'appelle la *France*. La France est notre *patrie*. Patrie signifie : *pays de nos pères*, où nous sommes nés, et où nous demeurons habituellement avec notre famille et nos amis.

Toutes les personnes qui, ainsi que nous, sont nées en France et parlent la même langue que nous, forment la *nation française*.

La plus grande ville de la France, c'est *Paris*. On appelle Paris *Capitale* de la France, parce qu'elle en est la ville la plus importante. Elle est bâtie sur les deux rives d'un fleuve qui se nomme la *Seine*.

L'année prochaine, mes enfants, nous vous ferons connaître plus en détail les pays et les villes principales des cinq parties du monde.

FIN DE LA GÉOGRAPHIE.

# PREMIÈRES NOTIONS
# D'HISTOIRE NATURELLE.

## CAUSERIE PRÉLIMINAIRE.

### Les cinq sens [1].

Écoutez-moi, mes enfants, je vais vous apprendre des choses bien curieuses.

Je suppose que je prenne un enfant, que je lui bande les yeux avec un mouchoir ; que je lui bouche les oreilles et les narines avec du coton ; que j'attache ses petites mains avec des lisières, sans lui faire de mal, bien entendu, et que je l'emporte dans un

1. Avant cette leçon on aura dû apprendre aux enfants le nom des parties du corps, ainsi qu'il est indiqué dans le *Manuel*, 2ᵉ partie.

endroit qu'il ne connaît pas : dans un jardin où il y a de belles fleurs, des fruits, des oiseaux, et des enfants qui jouent.

Voilà le petit enfant debout au milieu du jardin : il ne sait pas où il est, parce qu'il ne voit pas ; il ne sait pas s'il y a des arbres, si le soleil brille, s'il fait jour ou s'il fait nuit. **Et pourquoi ?** parce qu'il ne peut se servir de ses yeux.

Les oiseaux chantent, les enfants viennent lui parler : il ne s'en doute pas ; pourquoi encore ? c'est que ses oreilles sont bouchées, et qu'il ne peut entendre les sons.

Les fleurs répandent une odeur agréable : il ne peut les sentir, parce que son nez est bouché ; ainsi, il ne sait pas qu'il y a des odeurs. Il ne peut non plus *toucher* pour reconnaître où il est, ni savoir quels sont les objets qui l'entourent, parce que ses mains sont attachées et qu'il ne peut s'en servir.

Le pauvre petit n'a donc aucune idée de ce qui est autour de lui ; comme il ne voit pas, il ne peut faire un pas : s'il marchait, il irait se frapper contre un mur ou contre un arbre, il tomberait peut-être dans un fossé. Il ne peut rien savoir, ni rien deviner; il est presque comme s'il était mort.

Mais si tout à coup je délie ses mains, si je débouche ses narines et ses oreilles, si je détache le bandeau qui couvre ses yeux, comme il se trouve étonné et joyeux! Il voit le beau jardin, les arbres, les grandes allées; il entend les oiseaux, il respire l'odeur des fleurs ; il peut cueillir et goûter les fruits; il peut marcher, courir, sans risquer de se rompre le cou ; il voit tout, et reconnaît avec joie tous les objets qui l'entourent.

<hr>

### La vue.

Pourquoi le petit enfant dont nous parlions ne pouvait-il savoir où il était, ni ce qu'il y avait autour de lui, quand ses yeux étaient couverts? Si vous réfléchissez, vous le saurez très vite: c'est qu'il ne pouvait faire usage de ses yeux. Ce sont donc les yeux qui nous servent à voir. La *faculté* de voir par le moyen de nos yeux, est appelée le *sens de la vue*. Vous savez qu'on dit : avoir la vue bonne, pour dire qu'on voit bien. On dit de même : perdre la vue, perdre le *sens de la vue*, pour dire perdre l'usage de ses yeux, devenir aveugle.

Les yeux sont donc comme les *instruments*, les *outils* dont on se sert pour *voir* : les yeux sont *les organes* de la vue. Combien les pauvres aveugles sont malheureux d'avoir perdu le sens de la vue !

———

### L'ouïe.

Et si je vous demande pourquoi le petit enfant n'entendait pas quand il avait les oreilles bouchées, vous saurez bien me répondre que c'est parce que les oreilles sont les *organes* qui nous servent à entendre les sons, le bruit.

On disait autrefois *ouïr* pour entendre ; *j'ai ouï dire*, au lieu de *j'ai entendu dire :* c'est pour cela que la faculté d'entendre s'appelle le *sens de l'ouïe.*

Vous savez qu'il y a des personnes qui n'entendent pas, ou qui entendent très peu ; on dit que ces personnes sont *sourdes.* Être sourd, c'est donc avoir perdu, plus ou moins, *le sens de l'ouïe.* Quand on est sourd on ne peut jouir du plaisir d'entendre la musique, ou de faire la conversation avec les autres ; c'est encore une cruelle infirmité.

Quand vous étiez plus jeunes, vous ne saviez pas parler ; et peut-être avez-vous un petit frère ou une petite sœur qui ne parle pas encore. Mais ils apprendront, comme vous avez appris vous-mêmes, peu à peu, en entendant parler les autres, et surtout en entendant parler votre mère. Vous avez appris à parler, parce que vous entendez. Il y a de pauvres enfants qui ne parleront jamais, parce qu'ils sont nés sourds, et que n'ayant jamais entendu parler, ils n'ont pu apprendre. On appelle ces infortunés : des *sourds-muets.*

---

### L'odorat.

Si je vous donne une rose, ou un beau lis blanc, ou du réséda, la première chose que vous ferez après avoir regardé la fleur, ce sera de l'approcher de vos narines, pour en sentir l'odeur. C'est parce que notre petit enfant avait les narines bouchées, qu'il ne pouvait sentir l'odeur des fleurs du jardin. La faculté de sentir, de distinguer les odeurs, s'appelle : le *sens de l'odorat.*

Ce n'est pas seulement pour notre plaisir que Dieu nous a donné le *sens de l'odorat;* c'est aussi pour nous aider à distinguer par leur odeur certaines substances qui pourraient nous être nuisibles.

Les choses bonnes à manger ont une odeur agréable; les choses gâtées ou dangereuses ont souvent une odeur repoussante, qui nous avertit de ne pas y toucher.

---

### Le goût.

Et comment discernez-vous le goût, la saveur des choses que vous mangez? c'est en les mettant dans votre bouche. L'organe du goût, c'est le *palais* et la langue; la *faculté* de goûter les saveurs, est le *sens du goût.*

Il est très agréable de manger des choses saines et nourrissantes; mais ce n'est pas uniquement pour que nous trouvions du plaisir à prendre la nourriture, que le sens du goût nous a été donné. Il nous sert aussi, comme le sens de l'odorat, à reconnaître les choses qui peuvent nous être salutaires. Quand vous trouvez qu'une chose a mauvais goût, c'est ordinairement parce qu'elle est nuisible, et il ne faut pas la manger.

### Le toucher.

Quand on vous montre un objet curieux et nouveau, je suis sûr que ce serait une grande privation pour vous si on **vous** attachait les mains comme au petit enfant de mon histoire. C'est que pour bien savoir comment une chose est faite il ne suffit pas toujours de la voir : il faut aussi la *toucher*. En touchant une chose nous savons si elle est molle ou dure, si elle est lourde ou légère, si elle est chaude ou froide. Cette faculté d'apprécier les objets par le *contact* s'appelle le *sens du toucher*. Ce sont les mains qui en sont *les organes*. Cependant, quand vous avez les pieds nus, vos pieds sentent si c'est sur l'herbe ou sur les pierres que vous marchez. Et si l'on touche un endroit quelconque de votre corps, vous vous en apercevez, et vous distinguez si l'objet qui vous touche est froid ou chaud, doux ou rude. Toute votre peau est donc aussi l'organe du toucher; mais c'est avec nos mains que nous *touchons* les objets, afin de les mieux connaître.

Chacun de nous a donc *cinq sens* :

Le sens de la vue, dont les organes sont les yeux ;

Le sens de l'ouïe, dont les organes sont les oreilles ;

Le sens de l'odorat, dont l'organe est le nez;

Le sens du goût, dont les organes sont le palais et la langue ;

Le sens du toucher, dont l'organe est la peau, et principalement celle des mains.

---

## La lumière.

Quand vous êtes couchés le soir pour dormir, votre mère éteint le feu et la bougie : alors vous ne voyez plus rien, tout est noir autour de vous. Vos yeux, si grands ouverts que vous les teniez, ne distinguent plus aucun objet. Pourquoi donc ne voyez - vous plus, puisque vous avez encore vos yeux, organes de la vue ?

C'est qu'il n'y a plus de lumière, et que la lumière est indispensable pour rendre les objets visibles. Sans la lumière nous ne pouvons rien apercevoir de ce qui nous entoure; et sans elle nos yeux ne nous serviraient à rien.

Pendant le jour c'est la lumière du soleil qui nous éclaire. Cependant nous ne voyons pas toujours le soleil; quelquefois, dans l'hiver surtout, les nuages nous le cachent; aussi vous savez que ces jours-là il fait moins clair, et que l'on n'y voit pas aussi bien.

Mais si les nuages nous cachent le soleil, ils n'empêchent pas complétement sa lumière de nous éclairer; ils sont comme un rideau entre lui et nous; une partie de sa lumière passe à travers ce rideau, et nous arrive.

Quand le soleil ne nous éclaire plus, il fait nuit; alors nous sommes obligés, pour y voir, d'allumer des bougies qui nous donnent de la lumière ; cette lumière est beaucoup moins brillante que celle du soleil, comme vous le savez.

Quelquefois la nuit n'est pas tout à fait noire, et l'on y voit un peu ; c'est alors la lune qui donne de la lumière ; mais elle nous éclaire peu, et nous ne la voyons pas toutes les nuits.

---

### Les couleurs.

Si j'allais vous réveiller dans la nuit, mes enfants, et vous dire : « De quelle couleur est l'objet que je tiens ? » vous me répondriez : — « Je ne sais pas ; tout est noir, je ne vois pas les couleurs. »

Vous voyez donc qu'il faut absolument de la lumière pour qu'il y ait des couleurs ; c'est elle qui les fait ; sans elle il n'y en a pas.

Vous savez distinguer les couleurs les unes des autres. Vous reconnaissez quand un objet est rouge, ou jaune, ou vert ; vous ne vous y trompez pas. Les coquelicots qui fleurissent dans les champs sont rouges, les boutons d'or sont jaunes, les bleuets sont bleus, l'herbe et les feuilles des arbres sont vertes. Il y a encore d'autres fleurs de toutes les couleurs, les plus vives et les plus belles !

Il y a trois couleurs dont on se sert pour former toutes les autres. Ces couleurs sont le *rouge*, le *bleu* et le *jaune*.

Avec ces trois couleurs, le rouge, le bleu, le jaune, on peut former toutes les couleurs et toutes les nuances possibles.

En mêlant ensemble du *jaune* et du *bleu*, on produit du *vert;* le vert est donc une couleur *composée*.

En mêlant ensemble du *rouge* et du *bleu*, on produit du *violet;* le violet est donc encore une couleur *composée*.

Enfin, en mêlant du jaune et du rouge, on produit une autre couleur *composée*, qu'on appelle *l'orangé*, parce que c'est la couleur d'un beau et bon fruit que vous connaissez bien : l'orange.

Vous avez admiré quelquefois les grands nuages qui brillent au coucher du soleil : les plus beaux, les plus brillants, sont de couleur orangée.

L'orangé, le vert, le violet, sont donc des *couleurs composées;* tandis que le rouge, le bleu et le jaune, n'étant composés d'aucune autre couleur, sont appelés : *couleurs simples*.

### Les formes.

Vous connaissez les feuilles des arbres.

Elles ont toutes à peu près la même couleur : la couleur verte. Et cependant vous savez les distinguer, parce qu'elles ne sont pas semblables ; elles n'ont pas la même *forme*. La *forme*, c'est la manière dont une chose est taillée, soit par la nature, soit par le travail de l'homme.

La forme des objets est une des choses qui nous permettent le mieux de les distinguer les uns des autres.

Il existe une variété innombrable de formes.

Ainsi, une pomme a la forme d'une boule, ou à peu près. La feuille du laurier a la forme allongée et pointue. Une pièce d'un franc est ronde et plate, etc.

C'est par la vue et le toucher que nous connaissons la forme des objets.

---

### Les trois règnes de la nature.

Pour voir, pour entendre, pour toucher, il faut avoir des yeux, des oreilles, des mains.

Mais cela suffit-il ? Une poupée aussi a des yeux et des oreilles; elle a une bouche, un nez, des mains; pourtant elle ne voit pas, elle n'entend pas, elle ne marche pas. Si je vous disais qu'elle voit ou qu'elle entend, cela vous ferait rire, et vous penseriez que je veux plaisanter. Que lui manque-t-il donc à cette poupée pour voir, pour entendre, pour marcher ? Elle n'est pas *vivante;* ce qui lui manque, c'est *la vie.*

Les animaux sont vivants; aussi ils voient, ils entendent, ils marchent. Regardez un petit chat, comme il voit bien! comme il entend quand on l'appelle; comme il sent ce qu'on lui présente pour savoir si c'est bon à manger : ce petit chat a la vie! Quand rien ne lui manque, il est content, il est gai, il est heureux. Si on lui fait du mal, il souffre; et je vous ferai remarquer, en passant, que c'est bien mal de faire souffrir les animaux!

Voyez encore le chien, comme il aime son maître, comme il est fidèle! Et les oiseaux, qui font des nids si doux pour abriter leurs petits! Avez-vous vu quelquefois comme les poules ont soin de leurs poussins ?

Les animaux ont soin de leurs petits,

et savent choisir la nourriture qui leur convient.

Pourtant les animaux n'ont pas comme nous l'intelligence, la raison : ce qui leur en tient lieu, c'est une faculté qu'on appelle l'*instinct*. Les animaux ont la vie, le mouvement, et l'instinct, c'est-à-dire qu'ils agissent suivant leur volonté, ou leur besoin.

L'ensemble de tout ce qui a *vie*, *instinct* et *mouvement*, s'appelle le *règne animal*.

Mais il y a des choses qui ont la vie, et qui ne se meuvent pas.

Vous savez ce que c'est qu'un rosier, ce petit arbuste qui a des épines, et sur lequel il pousse des roses. Est-ce vivant, un rosier? réfléchissez.

Quand il a été planté, il était petit; mais peu à peu il a grandi, il a produit des feuilles, puis des boutons qui sont devenus des roses. Quand il fait beau temps, que le rosier est soigné, arrosé, il est heureux à sa manière; mais s'il manque d'eau, ou si on blesse ses branches, il souffre, ses feuilles jaunissent, et ses fleurs se flétrissent. Si on l'arrache de la terre, il se dessèche, il ne pousse plus; ses feuilles et ses fleurs se fanent : le rosier *meurt*. S'il meurt, il était donc *vivant?* Oui. le rosier était vivant. Cependant un rosier ne change pas de place, vous n'en avez jamais vu, n'est-ce pas, se promener dans un jardin? Un rosier ne voit pas, n'entend pas, il n'a pas des *sens* comme un animal. Malgré cela, mes enfants, il vit à sa manière : cette manière de vivre, qui n'est pas celle d'un animal, s'appelle *végéter*. Voilà pourquoi on dit qu'un rosier est un *végétal*.

Les arbres, tels que les chênes, les sapins, les arbres à fruit, les herbes et les plantes de toute espèce, sont des *végétaux*. Tout ce qui tient à la terre par des racines appartient au *règne végétal*.

———

Maintenant, prenons une pierre. Cette pierre n'est pas capable de rouler, ni de se déplacer toute seule : si on ne la touche pas elle restera toujours à la même place. Elle n'a ni mouvement, ni sens, ni instinct; elle ne peut ni voir ni entendre. Si on la brise en morceaux, elle ne souffre pas, car elle ne sent pas.

Une pierre n'est donc pas un animal, puisqu'un animal remue, voit, et entend; et qu'un animal peut souffrir. Une pierre n'est pas non plus un végétal, puisqu'elle ne pousse pas, elle ne fleurit pas. Elle n'a pas la vie. Elle est *inerte*. C'est ce qu'on appelle un *minéral*.

Non-seulement les pierres, mais encore la terre, le plâtre, la chaux, le sel, et aussi le fer, le cuivre sont des *minéraux*.

Vous saurez à présent reconnaître un *animal*, un *végétal*, un *minéral*. Tous les animaux ensemble forment le *règne animal ;* tous les végétaux forment le *règne végétal ;* et tous les minéraux forment le *règne minéral*. Vous saurez maintenant de quel règne proviennent les choses qu'on vous présentera.

Vous saurez, par exemple, que le cuir, la laine, la corne, proviennent du règne animal, parce qu'ils ont fait partie d'un animal.

La farine, le pain, le vin, proviennent du règne végétal, parce qu'ils sont faits avec du blé et du raisin qui sont des fruits de végétaux. Les meubles aussi proviennent du règne végétal, parce qu'ils sont faits avec le bois des arbres.

Pour construire une maison on emploie ordinairement la pierre, la chaux, le fer, les ardoises et les tuiles, et toutes ces choses proviennent du règne minéral.

# RÈGNE ANIMAL.

## LES MAMMIFÈRES.

**I.** Diversité des formes des animaux.

**Vous avez** déjà remarqué, mes enfants, que les animaux ne se ressemblent pas tous; il y en a autour de nous de beaucoup d'espèces différentes : les uns sont très grands, comme les chevaux, les bœufs; les autres très petits, comme les mouches, les fourmis. Il y en a qui marchent sur la terre, d'autres qui volent dans l'air, d'autres qui nagent dans l'eau.

Chaque espèce a une *forme* différente des autres espèces. Ainsi ceux qui marchent sur la terre ont des pieds; ceux qui volent dans l'air ont des ailes; et ceux qui nagent dans l'eau ont des nageoires au lieu de pattes. On donne un nom général, comme un nom de famille, ainsi que je vais vous l'expliquer, à ceux qui ont quelque grand trait de ressemblance, soit dans leur forme, soit dans leur manière de vivre.

### II. Les carnivores.

Regardez le *chat*, votre *minet* qui aime tant à se chauffer au soleil ou près du feu. Je n'ai pas besoin de vous dire qu'il a quatre pattes et du poil; vous savez aussi qu'il a des griffes et des dents! A quoi peuvent lui servir ces griffes? Vous l'avez vu guetter les souris : n'est-ce pas avec ses griffes qu'il les saisit? Et ses dents, surtout ces quatre grandes dents de côté, qu'il montre quand on l'irrite? N'est-ce pas pour les croquer? Les animaux qui, comme le chat, mangent les autres animaux, s'appellent des *carnivores*, mot qui signifie : mangeurs de chair.

Il y a, dans les forêts des pays chauds, de grands animaux carnivores qui ressemblent beaucoup aux *chats*; ils voient clair la nuit, comme les chats, et leurs yeux, comme ceux des chats, brillent dans l'obscurité. Ils ont de grandes griffes qu'ils allongent et retirent à volonté, comme en ont les chats; et ils sont très féroces. Ces grands carnivores sont les lions, les tigres, les panthères, et quelques autres.

Maintenant, voyons notre chien. Il a aussi

des *griffes* aux pattes ; mais ces griffes , ou ces ongles, ne sont pas aigus. Il a aussi quatre grandes dents, — sans compter les petites. — Ces quatre dents, on les appelle des dents *ca- nines*, ce qui veut dire, justement, des dents de chien.

Le chat.

Les dents canines sont faites pour trancher de la chair : le chien est donc aussi un anima carnivore. Les *loups* qui mangent les mou- tons, les *renards*, qui croquent les poulets, res- semblent beaucoup au chien et sont aussi des carnivores.

Pourtant, mes enfants, les chats et les chiens ne sont pas, comme le lion et le loup, des animaux féroces. Ils étaient féroces autrefois,

Le chien.

parce qu'ils vivaient à l'état sauvage; mais ils se sont laissé apprivoiser, et en s'attachant à l'homme qui leur a fait du bien, ils sont devenus doux et pacifiques. D'ennemis qu'ils étaient, ils sont devenus des compagnons et des serviteurs.

---

### III. Les herbivores.

Vous avez passé quelquefois par une ferme, et vous avez vu, dans les étables, des bœufs, des vaches, des chèvres, des moutons; ou bien vous les avez rencontrés allant aux champs, conduits par un *berger*. Qu'allaient-ils faire aux champs? Ils allaient paître, c'est-à-dire manger de l'herbe et brouter des feuilles. Ces animaux-là n'ont ni griffes, ni dents canines ou aiguës; ils n'en ont pas besoin, car ils ne mangent pas de chair : ils se nourrissent d'herbe, c'est pourquoi on les appelle des animaux *herbivores*.

La plupart de ces animaux herbivores ont des cornes; ce sont leurs armes pour se défendre s'ils étaient attaqués. Les uns, comme le bœuf, qu'on attelle à la charrue pour labourer la terre, et la vache qui nous donne du lait, ont le poil ras; les autres, comme la chèvre, ont le poil long et rude. D'autres, comme les moutons et les brebis, ont un poil long et fin qu'on appelle de la *laine*, et que nous utilisons pour nous tisser des vêtements.

Il faut encore remarquer, mes enfants, que tous ces animaux dont je viens de vous parler ont, au lieu de griffes comme les carnivores,

Les moutons.

de gros ongles durs qu'on appelle des *sabots*, et que ces sabots sont toujours fendus par le milieu : ce qui fait dire que ces animaux herbivores ont le pied fourchu.

Il y a encore à la ferme d'autres animaux *herbivores* : le cheval et l'âne, qui mangent de la paille et du foin. Ceux-là n'ont pas de *cor-*

*nes;* leur poil est ras, mais ils ont sur le cou de longs crins qui forment ce qu'on appelle une crinière. Ils ont aussi les pieds terminés par des *sabots,* mais ces sabots ne sont pas fendus.

Les animaux *herbivores* sont habituellement

L'âne.

doux et paisibles; ils sont les serviteurs de l'homme; ils nous aident dans nos travaux, ou nous fournissent leur lait ou leur laine. Il y a encore beaucoup d'autres animaux herbivores : les uns vivent dans les forêts de notre pays, les autres dans des pays lointains;

je ne vous parlerai de ceux-là que l'année prochaine.

———

### IV. Les rongeurs.

Avez-vous joué quelquefois, mes enfants,
avec un petit lapin? C'est un animal doux et

Les lapins.

craintif; ses longues oreilles sont toujours en
mouvement, il écoute d'un air inquiet. Quand
on veut le saisir il s'échappe d'un bond; ses
pattes de derrière sont plus longues que celles

de devant, c'est pour cela qu'il *saute* au lieu de marcher.

Vous avez vu le lapin manger des feuilles? Il grignote avec ses dents de devant, il ronge les choux, les carottes, les pommes de terre. Les animaux qui ont l'habitude de *ronger* ainsi, et qui ont pour cela les dents de devant tranchantes, se nomment des *rongeurs*.

Les lièvres, plus craintifs encore que les lapins, sont aussi des *rongeurs*. Enfin je veux vous citer deux autres espèces de petits animaux rongeurs qui vivent à nos dépens : les rats et les souris.

---

### V. Précis de la classe des mammifères.

Tous les animaux dont je viens de vous parler, grands ou petits, sauvages ou *domestiques*, ont quatre pattes et du poil; ils marchent sur la terre, ce sont des animaux *marcheurs*. Tous aussi allaitent leurs petits, comme la brebis allaite son petit agneau : pour ce motif on les appelle des *mammifères*.

Les mammifères ont grand soin **de leurs** petits. Avez-vous vu quelquefois, mes enfants, une chatte entourée de ses petits chats? Comme elle les lèche pour les caresser, et aussi pour qu'ils soient propres et gentils! Les petits chats jouent avec leur mère, ils lui grimpent sur le dos, ou s'amusent avec sa queue. La mère laisse faire tout cela. Puis, à mesure qu'ils en deviennent capables, elle leur apprend à manger seuls, et à faire la chasse aux souris.

Eh bien! les lionnes jouent avec leurs petits lionceaux de la même manière, elles les élèvent avec le même soin. Dieu a donné ce tendre instinct à toutes les mères; sans cela les petits mourraient de faim et de froid, parce que, en naissant, ils sont incapables de suffire à leurs besoins.

------

## LES OISEAUX.

### I. Les passereaux.

Que c'est joli un petit oiseau, n'est-ce pas, mes enfants! Il y en a qui chantent si bien,

qui sont si légers, si joyeux! On les voit sau-
tiller sur leurs petites jambes minces et frê-
les, becqueter les graines et les fruits, ou *hap-
per* les insectes qui font leur nourriture. Puis
au printemps, s'ils trouvent un brin de mousse,
un bout de laine, une plume, ils le saisis-
sent dans leur bec, et les voilà partis à tire-
d'aile; où donc vont-ils ainsi ?

Ils vont construire un nid entre les branches d'un arbre, ou dans un creux de muraille.
Les brins de mousse qu'ils apportent formeront
le dehors du nid; la laine, les plumes, qui
sont plus douces, garniront l'intérieur. Ils tas-
sent tout cela en rond avec leurs pattes et leur
bec. Les avez-vous vus, quelquefois? Il ne faut
s'approcher d'eux que bien doucement, et encore il ne faut pas s'approcher trop près, de
peur de les effaroucher.

Vous savez, mes enfants, que toutes les fe-
melles des oiseaux font des œufs, que les pa-
rents doivent *couver* bien des jours avant
qu'un petit oiseau en sorte. Mais quand le
petit oiseau est sorti de l'œuf, il n'a pas de
plumes, il ne peut pas voler; il ne peut pas

manger tout seul, ni se suffire; c'est pourquoi le père et la mère vont chercher la nourriture, et la préparent dans leur bec avant de la lui donner. A mesure que les petits grandissent, il leur pousse des plumes, et le père et la mère leur apprennent à voler, comme une mère apprend

Le nid.

à marcher à son petit enfant. N'est-ce pas que cet instinct est touchant, et que vous ne prendrez jamais les nids?

Presque tous les petits oiseaux qui chantent, et voltigent dans les champs et les jardins, sont des *passereaux*. Les passereaux sont très nom-

breux, et il en existe beaucoup d'espèces différentes.

---

## II. Les gallinacés.

Il y a des oiseaux beaucoup plus grands que

Le coq.

les passereaux; vous en avez vu dans les bas-
ses-cours : les coqs et les poules, les dindons.

Ceux-là ne nichent pas dans les **arbres**, ils volent peu, et leur vol est lourd. Ils marchent posément, et s'en vont grattant la terre pour découvrir des graines et des vermisseaux dont ils se nourrissent. Le coq a de belles plumes lui-

La poule et les poussins.

santes, une crête rouge; il porte fièrement la tête, et chante, dès le matin, d'une voix éclatante. La poule ne chante pas comme le coq; elle *glousse* quand elle conduit ses petits poussins; et quand ils sont fatigués, elle s'accroupit afin de les mettre à l'abri sous ses ailes.

Ces gros oiseaux, ainsi que les pintades, les paons, les perdrix, se nomment des *gallinacés*, mot qui signifie : semblables au coq.

---

### III. Les palmipèdes.

Les canards sont également de gros oiseaux. Est-ce que les canards sont aussi des *gallinacés?* Non, mes enfants; vous savez qu'ils ne res-

Les canards.

semblent pas au coq, ils sont faits d'une tout autre façon. Les canards sont presque toujours dans l'eau; leur bec large et aplati est fait pour remuer la vase au fond des étangs; ils mangent les herbes et les petits vermisseaux qu'ils **y** trouvent; ce qui ne les empêche pas, toutefois, de manger le grain qu'on leur donne, dans les fermes où on les élève. Ils nagent parfaitement, parce que leurs pattes sont faites comme il faut pour nager. Avez-vous remarqué **comme les pattes des canards sont larges, plates et fortes?** Entre chacun de leurs doigts se trouve une peau qui les réunit; cela fait comme **une** *rame* **avec** laquelle ils s'appuient sur l'eau pour avancer. Ces pattes sont ce qu'on appelle *palmées :* c'est pourquoi les canards, les cygnes, et les autres oiseaux nageurs, sont appelés des *palmipèdes.*

## IV. Précis de la classe des oiseaux.

Vous voyez, mes enfants, qu'il **y a** des oiseaux de beaucoup d'espèces. Ces espèces sont très différentes les unes des autres, et pourtant il existe entre elles de grands traits de ressemblance. Ainsi les oiseaux ont tous deux pattes, avec de grands doigts et des ongles; ils ont tous

des plumes, au lieu de poil; un bec, au lieu de
bouche ou de gueule; ils n'ont pas de dents,
parce que leur bec est dur et leur en tient lieu.
Ils ont des ailes, surtout! Les ailes sont comme
deux bras, ou si vous voulez comme deux rames garnies de grandes plumes, avec lesquelles
les oiseaux *nagent* pour ainsi dire dans l'air,
comme les poissons nagent dans l'eau.

## LES REPTILES.

Quand il fait chaud, que le soleil brille, on
voit souvent, en passant auprès d'un vieux mur,
un petit animal qui sort d'un trou formé entre
les pierres, se promène sur le mur, puis, si on
fait le moindre bruit, s'échappe vivement et
s'enfonce dans un autre trou: cet animal c'est
un *lézard*. Les lézards sont gris ou verts; leur
corps est aplati, couvert non pas de poils, mais
d'une peau écailleuse; ils ont le museau pointu,
une petite langue effilée comme une aiguille, qui
sort et rentre avec vivacité; des yeux brillants,
et une longue queue. Les lézards se nourrissent

de mouches et de vermisseaux. Leurs pattes sont courtes et minces, de sorte que, lorsqu'ils marchent, leur ventre effleure presque la terre. Cette manière de marcher, de se glisser en effleurant la terre, s'appelle *ramper*. Tous les animaux qui

La vipère.

rampent se nomment des *reptiles*, c'est-à-dire des animaux *rampants*.

Vous avez peut-être entendu parler des couleuvres qu'on trouve dans les prairies et les endroits humides? Eh bien les couleuvres n'ont pas de pattes du tout, elles avancent en *ram-*

*pant ;* ce sont des *reptiles* sans pattes, qu'on appelle des *serpents*. Telles sont aussi les vipères, mais les vipères sont venimeuses, et les couleuvres ne le sont pas.

Les tortues ont le corps enveloppé d'une écaille

La tortue.

très dure. C'est comme une petite maison, dont on ne voit jamais sortir que la tête, la queue, et quatre pattes très courtes. Les tortues rampent, ce sont aussi des reptiles.

## LES BATRACIENS.

Dans l'herbe qui borde les mares et les étangs, on trouve des grenouilles : vous connaissez bien les grenouilles, je n'ai pas besoin de vous dire comment elles sont faites. Vous savez qu'elles sautent très bien, gràce à leurs jambes de derrière qui sont plus longues que

La grenouille.

celles de devant. Elles nagent très bien aussi, parce que leurs pattes sont *palmées.*

Mais vous ne savez pas, sans doute, que la

Le têtard.

grenouille n'a pas toujours eu cette forme. Avant de devenir grenouille, elle était un tout petit animal, sans pattes, qui avait une queue aplatie, longue deux fois comme son corps, et une tête énorme pour un si petit animal; c'est pourquoi on l'appelait alors un *têtard*. En grandissant, il lui a poussé des pattes; sa queue a disparu et le têtard est devenu grenouille.

Il y a encore d'autres animaux qui commencent par être des têtards, le *crapaud* par exemple; on appelle tous ces animaux des *batraciens*, ce qui veut dire : animaux ressemblant à la grenouille.

---

## LES POISSONS.

Les animaux dont nous avons parlé jusqu'à présent vivent sur la terre; quelques-uns vont bien dans l'eau, mais ils n'y restent pas continuellement; ils y étoufferaient, parce qu'ils ne pourraient pas y *respirer*. D'autres vont seulement sur l'eau. Mais pour les poissons, c'est tout le contraire ; ils ne peuvent vivre que dans l'eau ; et si on les en tire, ils meurent. Puisque les poissons vivent dans l'eau, il leur faut au-

tre chose que des pattes pour avancer ; il leur
faut de petites *rames* pour nager : ces petites
rames, ce sont leurs nageoires.

Au lieu d'avoir du poil comme les mammifères, ou des plumes comme les oiseaux, les
poissons ont la peau couverte d'*écailles*.

Il y a des poissons de toutes dimensions et

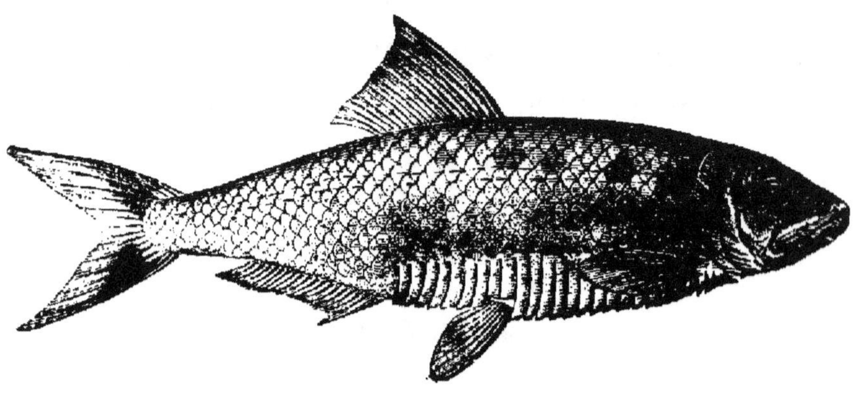

Poisson. — (L'alose).

de toutes formes; il y en a de petits, d'autres
sont énormes. Les uns sont allongés, les autres
plats, les autres ronds. Il y en a de toutes
les couleurs, gris, bleus, rouges, dorés. Malgré
ces différences, les poissons se ressemblent sous
beaucoup de rapports; et on les distingue sans
peine des autres animaux.

Les poissons ont des os minces et flexibles,

que nous appelons des arêtes. Ils sont très voraces, s'entre-mangent les uns les autres, ont peu d'instinct, et ne prennent en général aucun soin de leur famille.

Sur les bords de la mer, des lacs et des grandes rivières, il y a des hommes qui gagnent leur vie à pêcher du poisson. On les appelle des *pêcheurs*. Les poissons qu'ils pêchent ils les vendent au marché, et ceux qu'ils ne vendent pas servent à leur nourriture.

## LES INSECTES.

Si je vous montrais, l'un auprès de l'autre, une *chenille* et un *papillon*, trouveriez-vous, mes enfants, que ces animaux se ressemblent? Oh non, dites-vous; le papillon a des ailes, il vole, il est joli; la chenille, au contraire, rampe, elle est laide ! — D'abord, mes enfants, la chenille n'est pas laide : j'en ai même vu d'admirablement vêtues. Écoutez l'histoire véritable des chenilles et des papillons !

Les chenilles éclosent de petits œufs que

leurs mères ont soigneusement collés sur les branches des arbres, afin qu'en venant au monde leurs petits trouvent de quoi se nourrir : car les chenilles mangent les feuilles des arbres. Après s'en être nourries tout le temps nécessaire à leur croissance, les chenilles cessent de manger, leur peau se durcit ; elles perdent leurs

Chenille et chrysalide.

poils, leurs pattes, se resserrent, et ne bougent presque plus : on les dirait mortes. Elles ne le sont pas, pourtant, elles ne sont qu'emmaillottées dans une enveloppe formée de leur peau racornie : on les appelle alors des *chrysalides*. Un peu plus tard cette enveloppe s'entr'ouvre, et il en sort…. un papillon ! Le papillon étend ses ailes, et s'en va voltiger de fleur en fleur le reste de sa vie.

C'est bien surprenant, n'est-ce pas, mes enfants? Pourtant il y a un grand nombre de petits animaux qui changent ainsi plusieurs fois de forme. Ces animaux se nomment des *insectes* : ils ont presque tous des ailes lorsqu'ils sont parvenus à leur dernière forme. Leur corps semble divisé en *trois parties ;* et ils ont tous

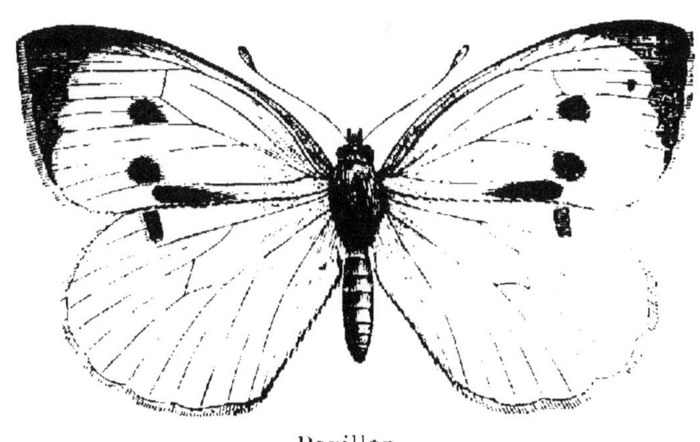

Papillon.

*six pattes.* Il y en a un très grand nombre d'espèces ; je veux vous en citer seulement quelques unes que vous connaissez bien.

D'abord les papillons, dont je viens de vous parler ; puis les *abeilles,* qui recueillent le *miel* dans les fleurs, où il se forme naturellement. Ce miel, elles l'amassent dans le creux de quelque tronc d'arbre, ou dans de petites cabanes qu'on

leur construit exprès, et qu'on appelle des ru-
ches. Les abeilles ont un *aiguillon* avec lequel
elles piquent cruellement quand on les irrite,

Abeille.

ainsi que les *guêpes* qui leur ressemblent un
peu, mais qui ne recueillent pas de miel.

Puis les *fourmis*, qui vivent par grandes
compagnies, et se creusent dans la terre une

Fourmi sans aile.

Fourmi ailée.

demeure qu'on appelle une *fourmilière*. Les fourmis restent tout l'hiver sans manger, parce que
le froid les engourdit. Quelques fourmis seulement ont des ailes, les autres en sont dépourvues.

Vous connaissez aussi les *hannetons*, qu'on trouve au printemps dans les arbres. — Les

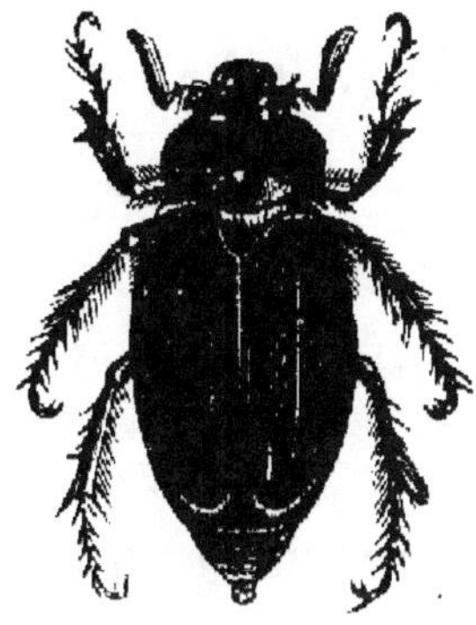

Hanneton.

petites *bêtes à bon Dieu*, dont le vrai nom est *coccinelles*. — Puis encore les *mouches*, les cou-

Mouche.

*sins* qui piquent si fort, enfin les *puces* qui sucent le sang. Toutes ces petites bêtes sont des insectes, et toutes ont d'abord vécu sous une forme analogue à celle des chenilles.

### Précis du règne animal.

Nous avons déjà passé en revue un certain nombre d'animaux de toute forme et de toute taille ; cependant, nous ne sommes encore qu'au commencement, et il y en a beaucoup d'autres à connaître ; mais nous en resterons là cette année.

Vous savez maintenant que tous les animaux, même les plus petits insectes, sont des êtres vivants, qui ont le mouvement et l'instinct, qui sont sensibles, et qui souffrent si on leur fait du mal. Vous comprenez alors qu'il ne faut pas maltraiter les animaux, ni enlever les nids des petits oiseaux, ni briser les ailes ou les pattes des mouches et des papillons. Il y a des enfants qui font ces choses-là. Ils sont peut-être excusables, s'ils ne savent pas que les animaux peuvent souffrir ; mais vous qui venez de l'apprendre, dites-leur qu'ils agissent comme des enfants ignorants ou cruels. Apprenez-leur que la vie est l'œuvre de Dieu, et que notre devoir est de la respecter sous toutes ses formes.

# RÈGNE VÉGÉTAL.

---

## LA VIE DES PLANTES.

### I. La racine.

**Je** suppose, mes enfants, que nous sommes au mois de mai, et que vous êtes descendus pour jouer au jardin. Et voilà que tout en courant dans les allées, vous vous apercevez que les plantes qui, il y a quelques jours n'avaient pas de fleurs, en sont maintenant couvertes ; et que d'autres, qui étaient toutes petites, ont grandi. Elles vivent donc, ces plantes, puisqu'elles grandissent? Oui. Mais comment vivent-elles ?

Il vous est arrivé quelquefois, sans doute, d'arracher une plante, de manière que sa racine fût toute sortie de la terre. Bientôt cette pauvre plante se desséchait, ses feuilles et ses fleurs se flétrissaient, et peu de temps après, elle était morte. Pour qu'un végétal vive, il faut donc qu'il soit *planté*, que sa racine soit enfoncée dans la terre.

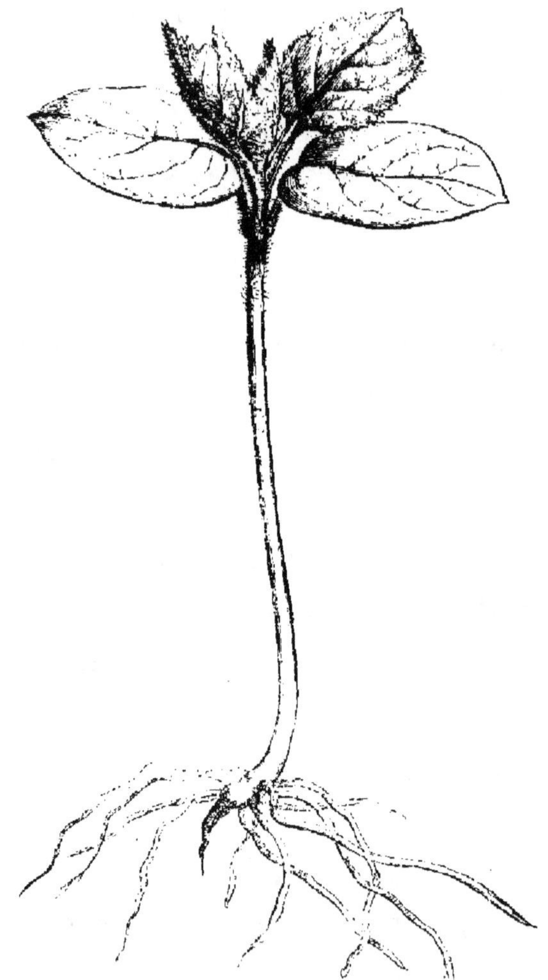

Jeune plante avec sa racine.

Vous comprenez bien que si une plante vit, si elle grandit et porte des fleurs, c'est qu'elle se nourrit de quelque manière. En effet, les plantes se nourrissent, et c'est principalement par leurs racines qu'elles puisent leur nourriture. Par les petits tuyaux de leurs racines, les plantes aspirent les sucs et l'humidité qu'elles trouvent dans la terre. Aussi quand la terre est trop sèche, la plante ne peut plus se nourrir; elle a soif, comme on dit; ses feuilles pendent et se flétrissent. Alors le jardinier qui ne veut pas que ses plantes périssent, va chercher de l'eau et les arrose, pour donner à leurs racines l'humidité dont la plante a besoin.

------

### II. La tige et les branches.

Au-dessus de la racine qui descend dans la terre, il y a la *tige* qui s'élève dans l'air, et qui porte les branches, les feuilles et les fleurs. Les grands arbres ont une grosse tige, dure et solide, qu'on appelle le *tronc*. Mais les petites plantes ont une tige mince, et quelquefois molle, qui est ordinairement *verte*, comme les feuilles. Les tiges, grosses ou petites, portent les branches et les rameaux: les feuilles sont sur les branches, et c'est ordinairement vers l'extrémité des branches que poussent les fleurs.

------

### III. Les feuilles et les fleurs.

L'hiver, les plantes n'ont pas de feuilles ; on croirait qu'elles sont mor-tes, et que leurs branches ne fleuriront plus. Mais voilà qu'au retour du printemps, de tout petits *bourgeons* qu'on voyait à peine le long des branches, commencent à grossir, et il en sort de jolies petites feuilles vert-tendre qui grandissent. Puis d'au-tres *boutons* se forment, et de ceux-là il sort des fleurs. C'est la chaleur du soleil qui a fait pousser tout cela.

Presque toutes les plantes produisent des fleurs. Les fleurs de nos grands arbres

Bourgeons de peuplier.

sont ordinairement toutes petites; on les voit à peine. Les plus belles fleurs viennent ordinairement sur des *arbustes*, c'est-à-dire sur de petits arbres, comme les rosiers, les lilas, les jasmins; ou sur de petites plantes à tige verte, comme les jacinthes, les primevères, etc.

---

**IV. La couleur et la forme des feuilles.**

Les feuilles des arbres et de la plupart des

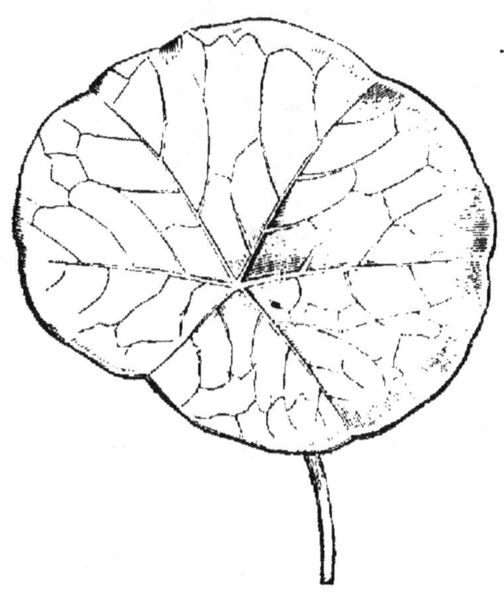

Feuille ronde de capucine.

autres plantes sont ordinairement vertes, il y en a de toutes les formes. Ainsi les feuilles du blé sont longues, étroites et pointues ; les feuilles des capucines sont rondes. Il y a des feuilles *dentelées*, comme celles du chêne ; d'autres, qui sont *découpées*, comme celles du platane

Feuille découpée de ricin.

et du ricin ; d'autres, qui sont *composées* de plusieurs petites feuilles, comme celles de l'acacia. Les unes sont très petites, tandis que d'autres sont très grandes. Quand vient l'hiver, les feuilles de presque tous les arbres deviennent

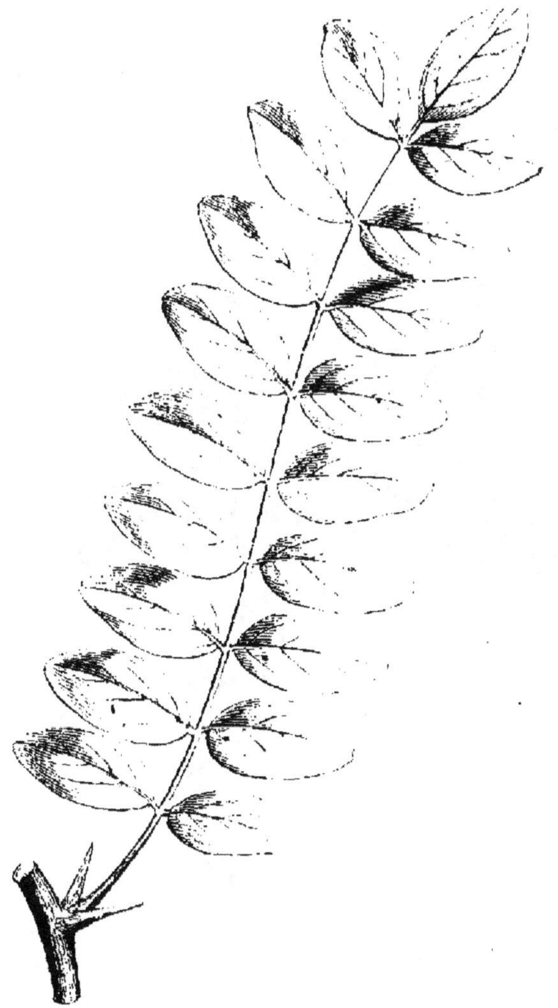

Feuille composée d'acacia.

jaunes ou brunes, puis elles se détachent des
branches, et tombent sur la terre.

**V.** Couleurs et formes des fleurs.

Vous aimez les fleurs, n'est-ce pas? Et en effet, les fleurs sont charmantes. Alors il ne faut pas les briser, il ne faut pas les faire pé

Grappe de fleurs du groseillier.

rir; il ne faut pas les cueillir à tort et à travers, pour les voir se faner tristement. Si vous voulez voir et sentir les fleurs, il faut les laisser sur leur tige. Voyez comme elles sont belles! Il y en a de toutes couleurs et de toutes formes. On en voit de rouges, de jaunes, de bleues, de blanches; il y en a qui sont *rayées* et d'autres qui sont *panachées*. Les unes ont la forme de jolies petite  clochettes, d'autres la forme d'entonnoirs ; d'autres ressemblent un peu à des gueules d'animaux, d'autres à des papillons. Les unes sont formées d'une seule pièce, comme les liserons; les autres sont formées de plusieurs pièces, comme les roses.

Oui, elles sont bien jolies, les fleurs; on dirait que Dieu s'est plu à les rendre toutes plus charmantes les unes que les autres. Ce serait donc grand dommage de les briser. — Mais il y a encore une autre raison pour ne pas les détruire : c'est qu'elles sont utiles, comme vous allez le voir.

## VI. Le fruit.

C'est dans l'intérieur des fleurs que se forment les graines et les fruits. — Donc, si vous brisiez les fleurs d'un poirier ou d'un

Fruit en grappe du groseillier.

pommier, il ne viendrait ni poires, ni pommes sur ces deux arbres. Si vous coupiez les fleurs des fraisiers, ils n'auraient pas de fraises. — La fleur fait le fruit, puis elle tombe; le fruit, qui était au dedans, tout petit, se montre, se développe, grossit et mûrit.

Les fruits de beaucoup d'arbres et de plantes sont bons à manger quand ils sont mûrs; ceux-là, vous les connaissez bien. D'autres, servent en outre à faire une boisson, comme le raisin, dont on fait le vin. Avec certains fruits, comme les olives, les noix, on fait de l'huile. Enfin beaucoup de *graines*, qui sont aussi des *fruits*, servent à notre nourriture, comme les pois, les fèves, le blé dont on fait la farine et le pain.

---

### VII. La germination du fruit.

**Un** certain nombre de graines et de fruits sont donc bons et agréables à manger; mais toutes les graines et tous les fruits, sans exception, servent encore à autre chose.

**Ainsi** pour avoir du blé, le laboureur, quand vient l'hiver, remue la terre avec une bêche ou une charrue; puis il prend des grains de blé qu'il a gardés exprès, et il les *sème* dans la

terre. Alors, mes enfants, voici ce qui arrive.
Les grains de blé, pénétrés par l'humidité de
la terre, se gonflent, se ramollissent, *germent,*
c'est-à-dire poussent au dehors d'eux une petite
tige verte, qui grandit peu à peu; vous diriez
de l'herbe : c'est du blé. Quand l'été sera venu,
chaque tige portera des épis remplis de grains
semblables à ceux qu'on a semés.

Et la même chose a lieu pour les fruits.
Quand vous aurez des prunes ou des pêches
ou des cerises, il faudra en prendre les *noyaux,*
les enfouir dans la terre, dans un coin de
votre jardin ; et si vous avez la patience de ne
pas y toucher pendant quelques mois, le *noyau*
s'ouvrira de lui-même, et de l'amande sortira
un germe, qui deviendra un petit arbre. Et
i vous laissez grandir ce petit arbre, il portera à son tour des fleurs et des fruits, de
la même espèce que celui dont vous aurez
semé le noyau. Si vous semez des pepins de
poires ou de pommes, il poussera des poiriers
ou des pommiers; et si vous semez des hari-
cots, des pois, des graines de chou ou de
carottes, il poussera des plantes exactement

semblables à celles dont vous aurez semé la graine.

---

## UTILITÉ DES PLANTES.

### I. Les plantes alimentaires.

Presque toutes les plantes, mes enfants, nous sont utiles à quelque chose; grandes ou petites, peu importe. Seulement nous ne les employons pas toutes aux mêmes usages. Voyons d'abord les plantes qui servent à notre nourriture.

Parmi celles-là, les plus précieuses sont celles dont la graine sert à faire le pain : le blé, l'orge, le seigle ; puis l'avoine, qu'on donne surtout à manger aux chevaux. Toutes ces plantes, et d'autres encore qui, comme celles-ci, ont des *épis*, une tige verte qui jaunit et devient de la paille, portent un nom de famille : on les appelle des *graminées*.

Il y a d'autres plantes qu'on appelle des lé-

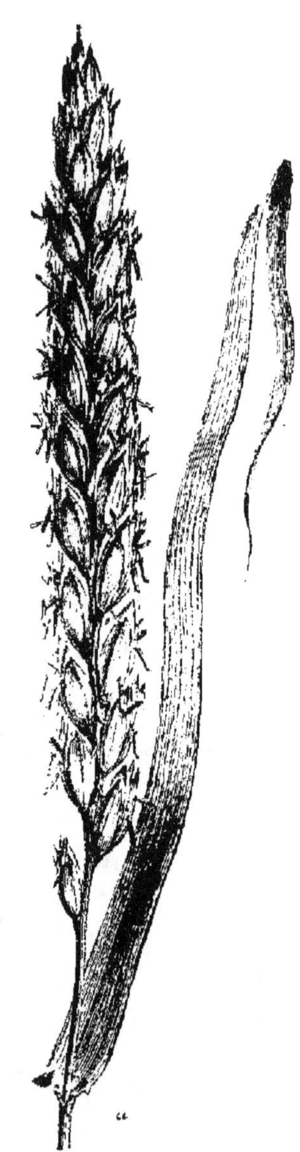

Épi de blé en fleur.

gumes, et qui servent aussi à notre nourriture. — Mais ce n'est pas toujours la *graine* des légumes que nous mangeons. Ainsi, nous mangeons la graine des pois, des fèves, des lentilles; mais nous mangeons les feuilles des choux, des laitues, de l'oseille; les tiges des asperges; les racines des carottes, des navets, des radis.

Toutes les plantes dont nous mangeons une partie ou une autre s'appellent *plantes alimentaires*, parce qu'elles sont pour nous des *aliments*.

### II. Les plantes fourragères.

Dans les prairies, sur les collines, et en général dans tous les pâturages, il croît une foule d'herbes que les hommes ne mangent pas, mais qui servent à la nourriture des animaux herbivores. Quelquefois on conduit les troupeaux paître cette herbe dans les prés ; d'autres fois on la laisse grandir, puis on la coupe, on la fait sécher, et elle se nomme alors du *foin ;* on la donne aux animaux à l'étable, surtout pendant l'hiver. Cette herbe sèche s'appelle aussi du *fourrage,* et toutes les herbes, qui servent à nourrir les animaux, sont nommées des plantes *fourragères.*

---

### III. Les plantes vénéneuses et médicinales.

On **vous** dit souvent, mes enfants, de ne pas porter à votre bouche les plantes que vous ne connaissez pas. C'est parce qu'il y en a certaines espèces qui vous rendraient malades, peut-être même vous feraient mourir si vous en mangiez.

Le *suc* de ces plantes-là est un poison : on les appelle des plantes *vénéneuses*. Croyez-vous qu'elles soient inutiles, ces plantes dange- reuses? Loin de là, elles nous rendent parfois de grands services. Les médecins savent en tirer des remèdes pour guérir les malades. C'est pourquoi on les appelle : plantes médicinales, c'est-à-dire employées en médecine. Tels sont les pavots, les coquelicots, les digitales, les boutons d'or, la ciguë, qui sont des plantes vé- néneuses, et en même temps *médicinales*.

---

### IV. Les plantes textiles.

Vous savez, mes enfants, ce que c'est que le fil, les cordes, la toile : mais vous ne savez peut-être pas avec quoi cela est fait. — Il y a des plantes comme le lin, le chanvre, que vous connaissez sans doute, dont la tige con- tient des filaments. On fait tremper ces tiges dans l'eau pendant quelque temps, puis on les fait sécher, et on en détache les filaments, qui forment la *filasse*. On *file* cette filasse au fuseau, ou au rouet, ou à la mécanique, pour en faire du fil; et avec ce fil on fabrique la toile et les cordes. En regardant de près, vous verrez que la toile est composée de fils entrelacés; et les cordes, de fils tordus ensemble.

Les plantes qui fournissent la filasse se nomment des plantes *textiles*, c'est-à-dire propres à être tissées.

***

### V. Les arbres.

Les plantes dont je viens de vous parler ne sont que de petits végétaux; leur tige est verte et fragile, et elles ne durent généralement qu'une année. Mais les arbres vivent longtemps; leur tronc est dur : il est formé de *bois*. Leurs branches sont vigoureuses et portent beaucoup de petits rameaux. Leur racine est forte et enfoncée profondément dans la terre ; non-seulement les racines nourrissent les arbres, comme vous le savez, mais en même temps elles les tiennent fermes dans le sol, pour que le vent ne les renverse pas.

Il y a des arbres que nous cultivons parce

qu'ils portent des fruits bons à manger ; on les appelle des arbres fruitiers. Vous en connaissez plusieurs : les abricotiers, les poiriers, les pommiers, les cerisiers. Tous ces arbres, pour donner de beaux et bons fruits, doivent être cultivés avec beaucoup de soin. Vous en connaissez d'autres qui sont tout petits : comme les groseilliers, les framboisiers; on appelle ceux-là des *arbustes* ou des *arbrisseaux*, mots **qui** signifient : petits arbres.

### VI. La forêt.

Il y a d'autres arbres qui croissent sans culture : ce sont les plus grands de tous; ils nous fournissent le *bois* à construire et à brûler.

Une étendue de terrain où sont plantés beaucoup de ces grands arbres s'appelle un *bois* : un grand bois s'appelle une *forêt*. Dans les forêts il y a des chênes dont le fruit est le gland; des châtaigniers, qui produisent les châtaignes; des hêtres, des ormes, des frênes; et aussi des sapins et des pins qui ne perdent

Arbre : saule au bord de la rivière.

pas leurs feuilles l'hiver comme les autres arbres. Les bûcherons, qui demeurent dans de
petites maisonnettes bâties dans les forêts,
abattent les grands arbres marqués d'avance;
ils coupent les branches et les rameaux pour
faire du bois à brûler et des fagots. Puis on scie
le tronc, dans le sens de sa longueur, en grands
morceaux minces que l'on appelle des planches, pour en faire des cloisons, des portes, des
planchers, des tables, et toutes sortes de meubles.

---

### VII. Multiplicité des plantes.

Dieu, mes enfants, a tellement multiplié les
plantes sur la surface de la terre, qu'il y en a
presque partout. Dans les champs, dans les
prairies et les forêts il y a des plantes, cela va
sans dire; mais il y en a aussi sur les collines
et les montagnes. Il pousse jusque sur les rochers même des *mousses* de toute sorte, il en
vient sur le tronc des arbres; à leur pied il
croît des champignons Il y a des plantes qui

vivent dans les endroits humides, comme le cresson au bord des fontaines..., d'autres poussent dans les endroits secs, pierreux ou sablon-

La forêt.

neux. Dans l'eau des étangs, des ruisseaux et des rivières, flottent des plantes qu'on nomme plantes *aquatiques*; il y en a même dans l'eau salée de la mer. Et chaque espèce de plante a une forme et une organisation appropriée à l'endroit où on la trouve, afin qu'elle puisse y végéter, c'est-à-dire y vivre et y donner ses fruits.

Car les plantes ont des besoins comme les animaux et comme nous-mêmes, puisqu'elles aussi ont la vie. Si les plantes n'avaient pas ce qu'il leur faut, elles mourraient, et ce serait bien dommage, car elles sont la plus belle parure de la terre. Quand nous sommes en hiver, regardez les jardins, la campagne, tout y semble mort. Les arbres étendent tristement leurs branches nues comme de grands bras maigres et désolés. Les petites herbes, au lieu de pousser, semblent vouloir rentrer dans la terre pour s'y abriter contre le froid. Mais au printemps comme cela change! Alors tout ce dont les plantes ont besoin leur est donné à profusion: le soleil brille et les réchauffe; la rosée les rafraîchit; aussi les petites plantes redressent leurs têtes et se parent de mille fleurettes. Les branches se couvrent de feuillage. Tout devient beau; tout réjouit les yeux. C'est la résurrection de la nature!

# RÈGNE MINÉRAL.

---

### I. La pierre.

Vous avez sans doute plus d'une fois regardé les maçons bâtir des maisons. Ils emploient des pierres de différentes espèces : les unes sont très dures, on les taille avec un lourd marteau; les autres sont plus tendres, les ouvriers les coupent avec des scies, et les façonnent au ciseau. Pour construire une belle maison, on travaille les pierres avec beaucoup de soin; mais pour bâtir un mur, on emploie les pierres à peu près telles qu'elles sont.

Toutes les pierres, dures ou tendres, se trouvent dans la terre; c'est de la terre qu'on les retire. On enlève d'abord, avec des bêches, la terre *végétale*, c'est-à-dire celle sur laquelle poussent les végétaux; puis on creuse plus ou moins profondément, et on rencontre la pierre.

Il n'est pas toujours facile de la détacher et de la retirer de l'endroit où elle se trouve; les ouvriers se servent de pioches, de barres de fer ; c'est un travail pénible, et parfois même dangereux. Les endroits d'où l'on extrait la pierre s'appellent des *carrières ;* et les ouvriers qui font ce travail sont appelés des carriers.

———

### II. La chaux et le sable.

Mais pour bâtir une maison il ne suffit pas d'avoir des pierres : il faut les joindre, les unir, les coller ensemble afin qu'elles tiennent solidement. Pour cela, on prend de la chaux, du sable et de l'eau ; on en fait une sorte de bouillie appelée *mortier ;* on met du mortier entre chaque pierre ; et le mortier, en séchant, les lie et les consolide entre elles.

Et savez-vous d'où vient la chaux, cette espèce de poudre blanche avec laquelle on fait le mortier ? Elle vient elle-même d'une pierre qu'on trouve dans la terre, comme toutes les autres, et qu'on appelle *pierre à chaux.*

Et le sable ? l'avez-vous regardé de près ? avez-vous vu qu'il se compose de petits grains très durs, qu'on prendrait pour de la pierre écrasée. Il y a du sable dont les grains sont un peu gros, d'autre dont les grains sont fins comme de la poussière.

On trouve le sable en grande quantité dans le fond des rivières, et au bord de la mer, sur les rivages.

On se sert du sable pour faire le mortier, comme je viens de vous le dire, mais on l'emploie encore à beaucoup d'autres usages. Ainsi, c'est avec du sable fin, mélangé à plusieurs autres choses, qu'on fabrique le verre des vitres, des bouteilles, et celui des belles glaces où l'on se mire. Plus tard, mes enfants, je vous apprendrai comment se fait le verre.

---

### III. L'argile.

Pour construire les tuyaux de cheminée, et les cloisons des appartements, on ne se sert pas de pierre : ce serait trop épais et trop lourd, on emploie des briques. Savez-vous de quoi sont faites les briques ?

On trouve dans certains endroits du sol, une espèce de terre lourde et grasse qu'on appelle l'*argile*. On pétrit cette argile avec de l'eau, et on en fait des gâteaux qui deviennent les briques. D'abord on fait sécher ces gâteaux ; puis

Vase d'argile.

pour que les briques soient solides comme de la pierre, on les fait cuire, à grand feu, dans un four fait exprès.

Quand l'*argile* est très fine et douce au toucher, on n'en fait pas de briques, mais des *poteries*, des vases de toutes sortes. On met l'argile, pétrie avec de l'eau, sur un tour pour lui donner la forme qu'on veut; puis on fait sécher et cuire les poteries comme les briques. La faïence et la porcelaine sont faites avec différentes espèces d'argile.

---

### IV. L'ardoise.

Si les maisons n'étaient pas couvertes, la pluie y tomberait, et nous serions mouillés dans notre demeure. Pour nous préserver de cet accident, on met sur la maison un *toit* formé de grandes pièces de bois, sur lesquelles on cloue ordinairement des *ardoises*. Les ardoises sont encore des pierres, et comme toutes les autres, elles se trouvent dans la terre. Ces ardoises étaient des pierres épaisses, mais formées de feuillets minces et légers, qu'on a pu séparer facilement les uns des autres avec une lame tranchante.

---

### V. Le plâtre.

Maintenant, si nous entrons dans la maison, nous voyons les murs bien dressés, et nous ne distinguons pas une seule pierre. C'est qu'on y a étendu un *enduit* qui les recouvre. Cet enduit est une sorte de mortier blanc qui a durci, en séchant, et qui était fait, non pas avec de la chaux, mais avec du *plâtre*. Le plâtre est, comme la chaux, une pierre blanche qu'on délaye avec de l'eau pour en faire des enduits et une foule d'autres choses. La pierre d'où provient le plâtre s'appelle *gypse* ou pierre à plâtre.

---

### VI. Les métaux.

Une maison doit être fermée par des fenêtres et des portes en bois. Mais ces fenêtres et ces portes, il faut pouvoir les tenir solidement closes. Pour cela on y met des gonds et des serrures en *fer*.

Avec le fer, on fait une multitude de choses qui nous servent dans la maison et au dehors.

Les outils du laboureur, ceux du forgeron, du maçon, du charpentier, et de bien d'autres ouvriers, sont presque tous en fer. Le fer est si utile qu'il semblerait impossible de s'en passer.

Dans la cuisine, nous voyons des casseroles et des bassins dont la plupart sont ordinairement en *cuivre;* sur la table, il y a peut-être des couverts d'*argent* ou d'*étain.* Les tuyaux par lesquels l'eau arrive dans nos maisons sont en *plomb;* les gouttières sont en plomb ou en *zinc.*

Enfin, mes enfants, supposons notre maison bâtie et meublée : il faut payer les ouvriers qui ont fait tout cela ; alors, vous le savez, on leur donne, en échange de leur travail, de l'argent et de l'or, sous forme de pièces de monnaie.

Eh bien, le fer, le cuivre, l'étain, le plomb, le zinc, l'argent, l'or, sont des *métaux.*

### VII. Les minerais.

Où trouve-t-on les métaux ? c'est encore dans l'intérieur de la terre. Mais n'allez pas croire, mes enfants, qu'on les y trouve tout fabriqués et prêts à nous être utiles. Non, on y trouve seulement des espèces de pierres appelées des *minerais*, et qui ne ressemblent pas du tout à un métal. Chaque minerai fournira pourtant un métal, mais il faudra le transformer : d'abord, le chauffer dans un grand feu, jusqu'à ce qu'il fonde ; puis ensuite le forger. Il faut baucoup travailler pour que le minerai de fer devienne du fer ; pour que le minerai de cuivre devienne du cuivre. Et quand le métal est extrait du minerai, il faut encore travailler beaucoup pour lui donner la forme de tous les objets dont nous avons besoin.

---

### VIII. La houille.

Il est encore une autre chose qu'on trouve dans la terre, dans certains pays, et dont je veux vous parler, parce qu'elle est très utile : c'est le

charbon de terre, appelé aussi la *houille*. Vous
savez que souvent pour faire du feu, nous brû
lons du charbon de terre au lieu de bois. On

Chauffage à la houille.

retire ce charbon de **la terre** où il se trouve, par de
grands puits très profonds. Ces puits, comme
ceux d'où on retire les minerais, on les appelle
des *mines*, et les ouvriers qui font ce travail se
nomment des *mineurs*.

---

## IX. Le sel.

En vous parlant de la mer, je vous ai dit,
mes enfants, que ses eaux sont *salées*, c'est

à-dire qu'elles contiennent du sel, et qu'on n'en peut pas boire. Ce sel, on ne le voit pas, et ce n'est pas étonnant, car vous savez que le sel se dissout dans l'eau ; mais on peut l'en retirer, témoin celui que nous employons pour saler le potage, conserver la viande, le poisson, et qui est retiré de l'eau de mer. Je vous apprendrai plus tard comment cela se pratique.

### RÉCAPITULATION.

Vous connaissez maintenant, mes enfants :

le *règne animal*, composé de tout ce qui a vie et mouvement ;

le *règne végétal*, formé des plantes, des arbres, qui ont une vie végétale, mais qui ne changent pas de place ;

enfin le *règne minéral*, les choses inertes qui n'ont ni la vie ni le mouvement.

L'ensemble de toutes ces choses : animaux, plantes, pierres ; ainsi que la mer, l'air et les nuages ; et tout ce qu'on voit au ciel, le soleil, la lune, les étoiles qui brillent la nuit.... l'ensemble de tout cela forme ce qu'on appelle la *Nature*.

Nous aussi, nous faisons partie de la *nature ;* vous et moi, tous les hommes, les femmes et les petits enfants; nous sommes les êtres les plus élevés et les mieux organisés de tous ceux qui vivent sur la terre.

La connaissance de tous les êtres et de toutes les choses de la nature forme une science pleine d'intérêt, qu'on appelle *science de la nature* ou *histoire naturelle*. A mesure que vous grandirez, nous vous apprendrons les faits de l'histoire naturelle les plus utiles à connaître. Le peu que vous en savez déjà suffit pour vous faire comprendre que la nature est admirable et immense. Tout cela, mes enfants, est l'œuvre de Dieu. La nature a été faite par lui, ainsi que nous qui en faisons partie.

# DE LA DIVISION DU TEMPS.

Si vous allez à certaine époque vous promener à la campagne, vous trouvez les arbres tout verts, les prés tout fleuris. Il fait très chaud, et nous sommes vêtus légèrement. Le soleil brille le matin de très bonne heure, les journées sont longues, et la nuit vient tard. Cette époque de l'année, c'est l'*été*. Mais si vous avez de la mémoire, vous vous rappelez bien avoir vu, à une autre époque, de la neige sur les toits; alors il n'y avait pas de feuilles aux arbres; les jours étaient sombres, courts, et quand vous quittiez la classe il faisait presque nuit. Il tombait souvent de la pluie, il faisait du vent et du brouillard; il fallait se vêtir chaudement, et bien s'envelopper pour se défendre du froid qui rougissait vos petites mains; il fallait allumer du feu dans la cheminée ou dans le poêle. C'est qu'alors nous étions en *hiver*.

Puis après l'hiver, le froid diminue peu à à peu, il pousse des feuilles aux arbres, les petites fleurs se montrent dans les champs ; c'est le temps où les pommiers fleurissent, où il y a des nids dans les buissons : cette époque c'est le *printemps*.

Puis après le printemps voici que l'été revient; l'été dont je vous parlais tout à l'heure ; mais rien ne dure toujours. Peu à peu la chaleur diminuera, et le soir viendra plus tôt. On cueillera les pommes, les raisins, les noix. Les feuilles des arbres jauniront; et le plus léger souffle de vent les emportera toutes, excepté celles des sapins, des chênes. Cette époque, c'est l'*automne*. Après l'automne le froid reviendra, on recommencera à faire du feu; la pluie et la neige tomberont encore, et ce sera un nouvel hiver.

L'*hiver*, le *printemps*, l'*été* et l'*automne* s'appellent les *quatre saisons*. L'hiver est la saison du froid, le printemps est la saison des fleurs, l'été est la saison de la chaleur et des récoltes, l'automne est la saison des fruits, et celle des *vendanges*, c'est-à-dire de la récolte du raisin avec lequel on fait le vin.

La durée des quatre saisons forme **un *an*,** ou une *année*. Après une année achevée, une **autre** année recommence, et toujours ainsi.

Une année se divise non-seulement en quatre saisons, mais aussi en douze *mois :* un mois c'est trente jours, un peu plus ou un peu moins.

Les douze mois de l'année s'appellent : janvier, février, mars, avril, mai, juin, juillet, août, septembre, octobre, novembre, décembre.

Le printemps commence vers la fin du mois de mars, et dure trois mois, qui sont mars, avril et mai. Les trois mois d'été sont juin, juillet, août. Les trois mois d'automne sont septembre, octobre, novembre. Les trois mois d'hiver sont décembre, janvier et février [1].

L'année commence le premier jour du mois de janvier.

La durée de sept jours forme une *semaine.* Les jours de la semaine ont des noms : le premier s'appelle lundi, puis viennent mardi, mer-

_______

1. Voir le *Manuel*.

credi, jeudi, vendredi, samedi, dimanche. Les six premiers jours de la semaine sont des jours *ouvrables,* c'est-à-dire des jours où il faut tra vailler. Le dimanche est le jour du *repos;* ce nom de *dimanche* signifie *jour du Seigneur.*

Il y a quatre semaines et deux ou trois jours dans un mois.

Les jours se divisent eux-mêmes en parties égales qu'on appelle des *heures.*

Vous savez, mes enfants, que vous ne faites pas la même chose toute la journée. Le matin, à huit heures, votre classe commence, puis à midi vous prenez votre repas; ensuite vous avez une heure de récréation. Si je vous disais pourquoi ne venez-vous pas en classe aussitôt après votre dîner? vous me répondriez : ce n'est pas l'*heure* d'aller en classe, c'est l'*heure* de la récréation.

Les heures nous servent donc à régler notre travail et l'emploi de notre temps.

Le jour, avec la nuit qui le suit, est divisé en 24 heures. On commence à compter les heures à partir du milieu de la nuit appelé *minuit.* Quand vous vous réveillez le matin, on a déjà compté 1 heure, **2 heures**, 3 heures, 4 heures, 5 heures, puis viennent 6 heures, 7 heures..., enfin 10 heures, 11 heures...; au lieu de 12 heures on dit *midi:* ce qui veut dire *milieu du jour.* Après midi **on** recommence à compter 1 heure, 2 heures..., jusque dans la nuit, où l'on dit encore 10 heures, 11 heures, puis *minuit* au lieu de 12 heures. A minuit il fait bien noir dans notre pays, **et les** petits enfants dorment.

Les heures à leur tour se divisent en *minutes.* Savez-vous ce que c'est qu'*une minute?* C'est une durée qui n'est pas bien longue : il en faut 60 pour faire *une heure.* Dans une demi-heure, ou la moitié d'une heure, il y a 30 minutes. Dans un quart d'heure, ou le quart d'une heure, il y a 15 minutes.

Vous savez ce que l'on fait pour savoir l'heure qu'il est : on regarde à sa *montre* ou à la *pendule* qui est sur la cheminée, ou à l'*horloge* qui est au clocher ou à la mairie; la position des aiguilles indique l'heure précise.

FIN.

# TABLE DES MATIÈRES.

# COURS D'ÉDUCATION ET D'INSTRUCTION

## PAR M<sup>ME</sup> PAPE-CARPANTIER

### A L'USAGE DES ÉCOLES ET DES FAMILLES

Les volumes de ce Cours destinés aux élèves sont imprimés dans le format grand in-18, contiennent des vignettes intercalées dans le texte et se vendent cartonnés.

———

CE COURS COMPREND DEUX ANNÉES PRÉPARATOIRES
UNE PÉRIODE ÉLÉMENTAIRE ET UNE PÉRIODE MOYENNE

**I<sup>re</sup> ANNÉE PRÉPARATOIRE**
(de 5 à 7 ans)

**Enseignement de la lecture,** à l'aide du procédé phonomimique de M. Grosselin.  50 c.
*Tableaux* (30) reproduisant la méthode.  3 fr.

**Exercices complémentaires** sur l'Enseignement de la lecture, par M<sup>me</sup> M. Pape-Carpantier et M. Gleyre.  40 c.

**Petites lectures morales; premières notions de grammaire.**  50 c.

**Premières notions d'arithmétique, de géométrie et du système métrique.**  50 c.

**Premières notions de géographie et d'histoire naturelle.**  75 c.

**2<sup>e</sup> ANNÉE PRÉPARATOIRE**
(de 7 à 8 ans)

**Géographie; premières notions sur quelques phénomènes naturels.**  75 c.

**Histoire naturelle; leçons préparatoires à l'étude de l'hygiène.**  1 fr.

### PÉRIODE ÉLÉMENTAIRE
(de 8 à 10 ans)

**Manuel des maîtres,** guide pratique de la période élémentaire.  2 fr. 50
**Grammaire,** accompagnée d'exercices; lectures et dictées.  1 fr. 50
**Arithmétique; géométrie; système métrique.**  1 fr. 50

**Premiers éléments de cosmographie; géographie.** 1 vol.  1 fr. 50
**Histoire naturelle.**  1 fr. 50
**Premières notions d'hygiène, de physique et de chimie.**  1 fr.

### PÉRIODE MOYENNE
(de 10 à 12 ans)

**Grammaire,** accompagnée de dictées-exercices.  1 fr. 50
**Éléments de cosmographie; géographie de l'Europe.**  2 fr. 50

**Arithmétique; système métrique; géométrie; dessin.**  2 fr.

68197. — Imprimerie LAHURE, rue de Fleurus, 9, à Paris. — 1-1911.

www.ingramcontent.com/pod-product-compliance
Lightning Source LLC
LaVergne TN
LVHW020838200726
843508LV00003B/975